essentials

W0253827

essentials liefern aktuelles Wissen in konzentrierter Form. Die Essenz dessen, worauf es als „State-of-the-Art" in der gegenwärtigen Fachdiskussion oder in der Praxis ankommt. *essentials* informieren schnell, unkompliziert und verständlich

- als Einführung in ein aktuelles Thema aus Ihrem Fachgebiet
- als Einstieg in ein für Sie noch unbekanntes Themenfeld
- als Einblick, um zum Thema mitreden zu können

Die Bücher in elektronischer und gedruckter Form bringen das Expertenwissen von Springer-Fachautoren kompakt zur Darstellung. Sie sind besonders für die Nutzung als eBook auf Tablet-PCs, eBook-Readern und Smartphones geeignet. *essentials:* Wissensbausteine aus den Wirtschafts-, Sozial- und Geisteswissenschaften, aus Technik und Naturwissenschaften sowie aus Medizin, Psychologie und Gesundheitsberufen. Von renommierten Autoren aller Springer-Verlagsmarken.

Weitere Bände in der Reihe http://www.springer.com/series/13088

Hans-Peter Herrmann

Psychologisches Tourismusmarketing

Thesen zu ausgewählten Aspekten

Hans-Peter Herrmann
Leipzig, Deutschland

ISSN 2197-6708 ISSN 2197-6716 (electronic)
essentials
ISBN 978-3-658-23679-3 ISBN 978-3-658-23680-9 (eBook)
https://doi.org/10.1007/978-3-658-23680-9

Die Deutsche Nationalbibliothek verzeichnet diese Publikation in der Deutschen Nationalbibliografie; detaillierte bibliografische Daten sind im Internet über http://dnb.d-nb.de abrufbar.

© Springer Fachmedien Wiesbaden GmbH, ein Teil von Springer Nature 2019
Das Werk einschließlich aller seiner Teile ist urheberrechtlich geschützt. Jede Verwertung, die nicht ausdrücklich vom Urheberrechtsgesetz zugelassen ist, bedarf der vorherigen Zustimmung des Verlags. Das gilt insbesondere für Vervielfältigungen, Bearbeitungen, Übersetzungen, Mikroverfilmungen und die Einspeicherung und Verarbeitung in elektronischen Systemen.
Die Wiedergabe von Gebrauchsnamen, Handelsnamen, Warenbezeichnungen usw. in diesem Werk berechtigt auch ohne besondere Kennzeichnung nicht zu der Annahme, dass solche Namen im Sinne der Warenzeichen- und Markenschutz-Gesetzgebung als frei zu betrachten wären und daher von jedermann benutzt werden dürften.
Der Verlag, die Autoren und die Herausgeber gehen davon aus, dass die Angaben und Informationen in diesem Werk zum Zeitpunkt der Veröffentlichung vollständig und korrekt sind. Weder der Verlag noch die Autoren oder die Herausgeber übernehmen, ausdrücklich oder implizit, Gewähr für den Inhalt des Werkes, etwaige Fehler oder Äußerungen. Der Verlag bleibt im Hinblick auf geografische Zuordnungen und Gebietsbezeichnungen in veröffentlichten Karten und Institutionsadressen neutral.

Springer ist ein Imprint der eingetragenen Gesellschaft Springer Fachmedien Wiesbaden GmbH und ist ein Teil von Springer Nature
Die Anschrift der Gesellschaft ist: Abraham-Lincoln-Str. 46, 65189 Wiesbaden, Germany

Was Sie in diesem *essential* finden können

- Eine thesenhafte Beschreibung des gegenwärtigen Sachstandes hinsichtlich der psychologischen Ausrichtung des Tourismusmarketings.
- Beispiele, die aufzeigen, dass bei Anwendung psychologischer Erkenntnisse eine höhere Werbeeffizienz im Tourismusmarketing möglich erscheint.
- Eine kritische Auseinandersetzung mit Schwachstellen und Problemen, welche sich beim gegenwärtigen Tourismusmarketing zeigen.
- Hinweise zur Anwendung psychologischer Erkenntnisse im Tourismusmarketing.
- Ein Plädoyer, die betriebswirtschaftliche Sichtweise des Tourismusmarketings stärker mit psychologischen Erkenntnissen zu verknüpfen.

Vorwort

Das Thema Tourismus ist aus psychologischer Sicht aus mehreren Gründen interessant. Zum einen geht es um einen Sachverhalt, bei dem fast alle Bürger über persönliche Erfahrungen verfügen. Die gemessene Reiseintensität lag in den letzten zehn Jahren konstant bei weit über 70 %, was aussagt, dass weit mehr als zwei Drittel der Bevölkerung ab 14 Jahre jährlich eine mindestens fünftägige Urlaubsreise unternehmen. Beim Thema Urlaub und Reisen kann nicht nur fast jeder mitreden, sondern durch die unmittelbare Involviertheit besitzt das Thema eine hohe individuelle Wertigkeit. Urlaubs- und Reiseerlebnisse werden daher mit Freunden, Bekannten, Arbeitskollegen etc. geteilt und bewirken so erhebliche Rückkoppelungseffekte auf Reisetrends oder auf das Image von Reiseformen und Destinationen. Das Thema Urlaub und Reisen ist ferner mit einer hohen Emotionalität beladen, was für das touristische Marketing sowohl Chancen wie auch Risiken beinhaltet.

Die Werbebegegnung wirkt oft als Initialzündung, sich mit Urlaubs- und Reiseplänen zu beschäftigen und wird somit zum Ausgangspunkt späterer Reiseentscheidungen. Im Gegensatz zu herkömmlichen Produkten bleiben Reisen von der Werbebegegnung bis zur Kaufentscheidung abstrakt und existieren nur als immaterielle Vorstellungen in den Köpfen der Kunden. Weil das Tourismusmarketing stark auf betriebswirtschaftliche Prozesse ausgerichtet ist, spielen psychologische Aspekte noch immer eine untergeordnete Rolle. An ausgewählten Beispielen wird exemplarisch sichtbar, dass hier Schwachstellen bestehen, weil psychologische Sachverhalte nicht bekannt sind oder diese nicht beachtet werden. Das *essential* will dazu ermutigen, die Betrachtung des Tourismusmarketings um psychologische Aspekte zu erweitern.

Die thesenhafte Darstellung wurde gewählt, um möglichst viele Sachverhalte anzusprechen zu können. Sie drückt zugleich die persönliche Hochachtung gegenüber dem Philosophen Ludwig Wittgenstein aus, der in seinem Tractatus logico-philosophicus und seinem Werk Philosophische Untersuchungen die Kunst der thesenhaften Darstellung in meisterhafter Weise umgesetzt hat.

Leipzig
im August 2018

Hans-Peter Herrmann

Inhaltsverzeichnis

1 Gegenstand des psychologischen Tourismusmarketings

Der Begriff Marketing tauchte erstmals 1914 auf, wo er als Synonym für Absatz, Verkaufsförderung und Verkaufsorientierung gebraucht wurde (vgl. Demmelbauer und Zellinger 2017, S. 208). Ein spezialisiertes Marketing für bestimmte Produktbereiche, wie beispielsweise für den Tourismus, entwickelte sich erst durch den Wandel vom Verkäufer- zum Käufermarkt.

Mit dem Wandel vom Verkäufer- zum Käufermarkt entstand die Notwendigkeit, neue Denkmuster zu entwickeln. Seither steht der Kunde im Zentrum unternehmerischer Überlegungen. Modernes Marketing ist darauf ausgerichtet, Kundenbedürfnisse und Marktgegebenheiten zu analysieren, Marktchancen zu erkennen und auf Nachfrageveränderungen frühzeitig zu reagieren. Dabei geht es immer darum, die eigenen Angebote mit denen der Kundenwünsche in Einklang zu bringen.

Marketing ist heute eine gesamtunternehmerische Managementaufgabe, welche durch Marketing-Ziele, Marketing-Strategien und Marketing-Instrumente strukturiert wird. In den 1960er Jahren entwickelte der US-amerikanischen Professor Edmund Jerome McCarthy operative Marketinginstrumente, welche heute als die klassischen 4 P's bekannt sind. Diese stehen für Product, Price, Promotion und Place (vgl. Demmelbauer und Zellinger, 2017, S. 209). Als Synonym für die vier P`s wird oft auch der Begriff „Klassischer Marketing-Mix" verwendet. „Zum Marketing-Mix gehört alles, was man tun kann, um die Nachfrage nach seinem Produkt zu beeinflussen" (Kotler et al. 2007, S. 121).

Heutiges Marketing wird stark durch betriebswirtschaftliche Sichtweisen und wirtschaftliches Entscheidungsdenken geprägt. Psychologische Sachverhalte werden dabei vielfach unterschätzt. Erst in jüngerer Zeit gewinnen psychische Betrachtungen, wie etwa spezifische Aspekte zum Konsumentenverhalten, an Bedeutung. Erkennbare Schritte auf diesen Weg zeigen sich beispielsweise in der

© Springer Fachmedien Wiesbaden GmbH, ein Teil von Springer Nature 2019
H.-P. Herrmann, *Psychologisches Tourismusmarketing*, essentials,
https://doi.org/10.1007/978-3-658-23680-9_1

Erweiterung der klassischen 4 P's um weitere Elemente. So besteht das erweiterte 7 P-Modell aus den Elementen Participation People, Physical Evidence, Process, Packaging Programming, Positioning, Power Partnership und Public (vgl. Freyer 2007, S. 417).

Die gemessenen Werte der Reiseintensität lagen in den zurückliegenden Jahren konstant bei weit über 70 %. Diese Konstanz ist ein deutlicher Hinweis darauf, dass die Wachstumsgrenze an Reiseaktivitäten in Deutschland erreicht ist. Der Schwerpunkt des Tourismus-Marketings liegt daher nicht in der Grundüberzeugung zur Reisetätigkeit, sondern in der Lenkung potenzieller Reisekunden auf bestimmte Reiseprodukte.

Reiseentscheidungen sind keine spontanen Zufallsentscheidungen, sondern beruhen auf persönliche Einstellungen, Präferenzen, Interessen, Erfahrungen, kognitiven Abwägungen, Wissenserkenntnissen und weiteren Faktoren. Marketingmaßnahmen können daher nur Impulse setzen, um Entscheidungsprozesse in Gang zu setzen und bereits vorhandene Präferenzen zu stärken. Der Einfluss von Marketing wird vielfach überbewertet.

Geht es um psychologische Aspekte des Marketingmanagements, so werden diese häufig nur als Einflussfaktoren des Konsumentenverhaltens beschrieben. Kotler et al. nennt hierbei die psychologischen Faktoren: Motivation, Wahrnehmung, Lernen, Überzeugungen und Einstellungen (Kotler 2007, S. 326). Kunden sind jedoch individuelle Persönlichkeiten mit einer Vielzahl von Ausprägungsmerkmalen und bedürfen der Gesamtpersönlichkeitsbetrachtung. Eine allgemeine Reduktion auf das Kundenverhalten greift zu kurz und befördert eine nomothetische Persönlichkeitsbetrachtung.

Die psychische Sichtweise des Kunden ist umso wichtiger, je mehr Besonderheiten ein Produkt aufweist. Dieses betrifft Reiseleistungen, wie auch alle sonstigen Dienstleistungen. Reisen sind immateriell und können im Vergleich zu herkömmlichen Produkten wie Kleidung oder Haushaltsgeräte weder angefasst, anprobiert oder vorgeführt werden. Sie existieren vor der Leistungserbringung nur als geistige Vorstellungen in den Köpfen der Kunden.

Das Psychologische Tourismusmarketing wendet sich allen Prozessen entlang der gesamten touristischen Reisekette zu, welche die Darstellung touristischer Produkte durch Kunden tangieren, Handlungsreaktionen hervorrufen und Entscheidungen beeinflussen. Während das „traditionelle" Marketing stark aus der betriebswirtschaftlichen Sicht reflektiert wird und auf die „Sichtbarmachung" der Produkte und Leistungen ausgerichtet ist, geht es beim psychologischen Tourismus-Marketing um Verhaltens- und Wirkungsweisen in Bezug auf Produkte und Leistungen sowie der Beeinflussung von Kunden.

Innerhalb der Psychologie sind in der jüngeren Vergangenheit mehrere anwendungsorientierte Gebiete entstanden, deren Erkenntnisse für das Psychologische Tourismusmarketing von Bedeutung sind. Zu den besonders interessanten und relevanten Gebieten gehört die Wirtschaftspsychologie, die Medienpsychologie sowie die Sozial- und Kommunikationspsychologie. Beschäftigt sich die Wirtschaftspsychologie schwerpunktmäßig mit der Produktwirkung auf Kunden, dem Kundenverhalten sowie Umwelt und Einflussfaktoren, so stellt die Medienpsychologie Erkenntnisse zur Medienrezeption, medienbasierter Kommunikation oder zum Wissenserwerb mit Medien bereit. Die Sozial- und Kommunikationspsychologie beschäftigt sich u. a. mit Forschungsfragen zu Interaktionsprozessen, zur sozialen Wahrnehmung, zu Gruppenprozessen oder sozialen Einflussstrategien.

2 Reisemotive und Reisemotivation

Das Primat wissenschaftlicher Erklärungen zum Reiseverhalten wird in der touristischen Fachliteratur bei den Reisemotiven gesehen. Motive sind innere Beweggründe, die Menschen dazu veranlassen, etwas anzustreben oder zu unterlassen. Jeder Mensch besitzt individuelle und unterschiedlich stark ausgeprägte Motive, welche den Handlungsantrieb für verschiedene Aktivitäten darstellen. Die vorhandene multiple Vielfalt zeigt sich u. a. in den jährlichen Reiseanalysen der Forschungsgemeinschaft Urlaub und Reisen (FUR), wo die Befragten in der Regel mehrere Urlaubsmotive gleichzeitig benennen.

Reisemotive sind fast ständig latent vorhanden. Ihre Aktivierung oder Verstärkung tritt ein, wenn ein Reiseimpuls gegeben wird oder eine Reiseentscheidung ansteht. Ob vorhandene Motive verwirklicht werden, hängt von der Anreizstärke und der vorhandenen persönlichen Motivation ab. Zu häufig werden Motive und Motivation gleichgesetzt. Während Motive Wünsche und innere Beweggründe einer Person verkörpern, gibt die Motivation den Handlungsimpuls, für deren Umsetzung. Die Motivationsausprägung entscheidet über die Richtung (warum man sich mit Reiseplänen beschäftigt), deren Intensität (das Ausmaß an Energie, sich mit Reiseplänen zu beschäftigen) und der Ausdauer (Bereitschaft und Dauer, sich mit diesem Sachverhalt zu beschäftigen) des Handelns. Ohne ausreichende Motivation bleiben Motive unerfüllte Beweggründe.

Maderthaner beschreibt die Motivation als motivationalen Prozess, deren Unterscheidung sich auf den Ort ihrer Auslösung bezieht. Den Ort der Auslösung sieht er entweder in Umweltfaktoren, welche die betreffende Person beeinflussen oder in den Einstellungen, Wertehaltungen und Stimmungen einer Person (vgl. Maderthaner 2017, S. 309). Er folgt damit der gebräuchlichen Unterscheidung zwischen extrinsischer und intrinsischer Motivation. Reiseentscheidungen können sowohl durch extrinsische Motivationen (günstiger Reisepreis, Überzeugung

© Springer Fachmedien Wiesbaden GmbH, ein Teil von Springer Nature 2019

H.-P. Herrmann, *Psychologisches Tourismusmarketing*, essentials,
https://doi.org/10.1007/978-3-658-23680-9_2

durch Dritte, Markenwirkung etc.), durch intrinsische Motivationen (innerer Einstellungen und Überzeugungen, Interessen, Wertehaltungen usw.) wie auch aus deren Kombination ausgelöst sein.

Neben der Differenzierung zwischen Motiven und Motivation erscheint gleichfalls eine stärkere Unterscheidung zwischen Motiven und Interessen sinnvoll. Obwohl Interessen und Motive eng miteinander verbunden sind, erfüllen sie unterschiedliche Funktionen. Während Interesse eine intensive Bezogenheit auf einen konkretisierten Gegenstand oder eine spezifizierte Handlung darstellen (z. B. Interesse an einer bestimmten Sehenswürdigkeit Roms) umschreiben Motive tendenziell nur allgemeine Beweggründe (z. B. das Streben nach einer kulturorientierten Urlaubsausrichtung). Interessen unterstützen jedoch zugehörige Motivationen. Sie korrelieren zudem stark mit Einstellungen und Verhaltenstendenzen. Je positiver die Einstellung gegenüber einem Sachverhalt oder einem Gegenstand, umso größer ist das Interesse hierfür.

Mundt unterscheidet bei seinen Motivansätzen zwei grundlegende Gruppen. Zum einen die Gruppe der Übergreifenden Motivationsansätze (Defizittheoretische Ansätze, Physiologische- und Psychologische Erklärungsansätze) sowie die Gruppe der Spezifischen Motivationsansätze (Reisen zum Erhalt oder zur Förderung der Gesundheit, Reisen zum Ausleben von Sexualität und Reisen als Selbstmotiv) (vgl. Mundt 2013, S. 107 ff.). Motivgruppenansätze von Mundt, Kaspar (vgl. Kaspar 1991, S. 42 f.) etc. können helfen, Zielgruppen besser zu identifizieren. Bei der individuellen Motivbetrachtung und damit einhergehenden Zuordnung in eine diese Motivgruppen erscheint dieser Ansatz problematisch, da jede Person gewöhnlich mehrere Reisemotive gleichzeitig anstrebt. Vorhandene Reisemotive können dabei konträr sein, wie beispielsweise viel zu Erleben aber gleichzeitig im Urlaub innere Ruhe zu finden. Reisemotive, welche sich diametral gegenüberstehen, können zu interpersonellen Entscheidungskonflikten führen. Touristische Werbeangebote, welche mehrere Motive gleichzeitig transportieren, sind weniger zielführend, da sie gewöhnlich persönliche Reiseentscheidungen erschweren.

Die Zunahme von ambivalenten Reisemotiven, wie auch die Verstärkung individueller Reisebedürfnisse lassen sich als Form einer optimalen Distinktheit beschreiben. „Menschen besitzen sowohl das Bedürfnis dazu zu gehören, als auch das Bedürfnis einzigartig zu sein. Beide Bedürfnisse müssen ausbalanciert werden. Die Balance bezeichnet Hornsey und Jetten als optimale Distinktheit“ (Felser 2014, S. 113). Im Tourismus zeigt sich das Streben nach optimaler Distinktheit in der Teilnahme und Teilhabe am Reisegeschehen bei gleichzeitigem Streben nach individueller Reiseverwirklichung. Hierfür sprechen die konstante Reiseintensität von weit über 70 % und der beständigen Zunahme individualisierter Reisewünsche.

Die jährlichen Reiseanalysen der Forschungsgemeinschaft Urlaub und Reisen (FUR) in Bezug auf Reisemotive zeigt, dass diese seit vielen Jahren eine relative Konstanz aufweisen. Um Veränderungen sichtbar werden zu lassen, wäre eine Operationalisierung der erhobenen Reisemotive sinnvoll. Anregungen zur Operationalisierung von Urlaubsmotiven existieren bereits, etwa von Hirtenlehner et al. (2002, S. 93 ff.).

Reisemotive können nur die inneren Beweggründe abbilden und somit die Frage beantworten, was Menschen zu einer Reise veranlasst. Sie können jedoch das Entscheidungs- und Reiseverhalten einer Person selbst nicht erklären. Um volatiles Reiseverhalten und damit Reiseverhaltensveränderungen erklären zu können, ist die Betrachtung von Umfeld- und spezifischen Persönlichkeitsvariablen notwendig. Hierzu gehören beispielsweise persönliche Einstellungen, Destinationswissen, gesammelte Reiseerfahrungen (mit Reiseveranstaltern und touristischen Leistungsträgern), persönliche Interessen, Preisbewertungen, Präferenzen hinsichtlich bestimmter Urlaubsformen, Qualitätserwartungen oder geopolitischer Erwägungen. Auch externe Faktoren, wie Urteile Dritter oder wahrnehmbare Reisetrends haben Einfluss auf Reiseentscheidungen und Reiseverhaltensweisen. Motive fungieren als Anker und bilden immer nur das Grundgerüst einer Reiseentscheidung. Eine zu starke Fokussierung auf die Reisemotive birgt die Gefahr, dass anderer Handlungs- und Entscheidungsfaktoren unterschätzt werden.

Werbemittel und Werbeansprache 3

Für die Werbeansprache und hierauf aufsetzende Distributionsprozesse werden im touristischen Bereich sowohl die Pull- wie auch die Push-Strategie genutzt. Während die Pull-Strategie primär auf die Endverbrauerwerbung ausgerichtet ist, werden bei der Push-Strategie Verkaufs- und Unterstützungsmaßnahmen für Reisemittler in den Mittelpunkt gestellt.

Die jeweils gewählte Strategie entscheidet über den Einsatz der Werbemittel. Bei der Pull-Strategie, wo die Ansprache der Endkunden im Vordergrund steht, werden sowohl klassische Werbemittel (Prospekte, Flyer, Anzeigen, Werbespots etc.) als auch moderne Social-Media-Aktionen unter Einbeziehung der Kunden, wie „Discouver your smile" (TUI), „#Machtsmöglich" (Neckermann) usw. genutzt. Eine weitere moderne Anwendungsform ist das Influencer-Marketing. Bei der Push-Strategie hingegen erfolgt eine unmittelbare Unterstützung der Reisemittler mit dem Ziel, dass diese die Produkte ihren Kunden vorrangig anbieten. Typisch hierfür sind Info-Reisen, Produkt-Schulungen, Roadshows oder PEP-Reiseangebote. Die psychologischen Vorteile der Push-Strategie für Reisemittler sind von Herrmann im Lehrbuch Tourismuspsychologie dargestellt (Herrmann 2016, S. 56 f.).

Die Vielfalt an Webemitteln und Werbeformen hat kontinuierlich zugenommen. Dieses ermöglicht, dass Reiseveranstalter, touristische Leistungsträger wie auch der Reisevertrieb ihre Marketingaktivitäten zielgruppeneffizienter gestalten können. Während Reiseveranstalter und touristische Leistungsträger neben der Katalogproduktion im größeren Umfang weitere Werbemittel nutzen, konzentrieren sich Destinationen neben ihrer Homepage und Anzeigen fast ausschließlich auf Reiseprospekte.

Wegen der hohen Druck- und Distributionskosten gibt es seit Jahren Bestrebungen, die Printkataloge durch andere Medien zu ersetzen. Mit der Verbreitung des Internets und anderer digitaler Vertriebsmedien war man sich damals relativ sicher, dass sich die neuen Medien in der Darstellung von Reiseangeboten durchsetzen werden. Diese Ansicht fußte auf der festen Überzeugung, dass sich

© Springer Fachmedien Wiesbaden GmbH, ein Teil von Springer Nature 2019

H.-P. Herrmann, *Psychologisches Tourismusmarketing,* essentials,
https://doi.org/10.1007/978-3-658-23680-9_3

mit den digitalen Möglichkeiten, Reiseangebote nicht nur detaillierter, schneller sowie zielgenauer darstellen lassen, sondern die Menschen diese neue Technik auch vollumfänglich nutzen werden. Die damals getroffene Expertenannahme hat sich nur teilweise bestätigt.

Eine wesentliche Antwort, weshalb Reisekataloge auch im Zeitalter digitaler Medien noch immer so beliebt sind, findet sich in der Prozessbetrachtung der kulturellen Sozialisation. Durch die Sozialisation, d. h. dem Aufwachsen in einer sozialen Umwelt kommt es zur Ausprägung und Aneignung von Normen und Werten. Menschen werden in unserer sozialisierten Welt früh an Bücher herangeführt. Die Lesefibel und nachfolgende Bücher vermitteln grundlegendes Wissen und sind so verantwortlich für lebensprägende Erfahrungen. Über die vermittelte Sozialisation werden Bücher und Printmedien als wertvoller und glaubhafter eingeschätzt, als digitale Darstellungen.

Wie stark noch immer das Medium Reisekatalog verankert ist, zeigen entsprechende Studien. So kam nach einer Befragung das Travel One Barometer (der gleichnamigen Fachzeitschrift Travel one) vom Februar 2016 zur Erkenntnis, dass sowohl Kunden wie auch Reisebüromitarbeiter die Reisekataloge noch sehr schätzen. In dieser Online-Umfrage, wo mehr 1400 Reiseprofis befragt worden, gaben 72 % der Befragten an, regelmäßig von ihren Kunden nach den Urlaubsbroschüren gefragt zu werden. Bei der Selbsteinschätzung gaben 75 % der Reisemittler an, die Kataloge „sehr oft" bis „ständig" in der Reiseberatung einzusetzen (Fiedler 2016, S. 15).

Ein weiterer Grund für den Erfolg gedruckter Medien ist, dass wir trotz Digitalisierung weiterhin in einer realen materiellen Welt leben, bei denen die materiellen Dinge wichtig bleiben. Die digitale Welt ist nicht fassbar und vermittelt nur abstrakte Bilder aus denen Vorstellungsbezüge entstehen, die schwer vorstellbar sind. Materielle Gegebenheiten, wozu Reisekataloge gehören, können unsere Sinne besser ansprechen. Seit der Einführung des Buchdrucks sind Bücher und Schriften noch nie von anderen Medien verdrängt worden. Daher kann davon ausgegangen werden, dass Reisekataloge auch in Zukunft eine bedeutende Rolle spielen werden.

Die Mehrzahl der Reisekataloge wird entweder nach Destinationen (Länderkataloge) oder nach Reiseformen strukturiert. Optimal wäre eine omnipräsentere Ansprache, da nicht nur jeder Kunde eine individuelle Persönlichkeit darstellt, sondern sich auch die Einzelpersönlichkeit über die Lebenspanne verändert. Dieses betrifft das Aufnahmeinformationsverhalten, Veränderung von Farbpräferenzen, Verschiebung der Interessensgewichtung usw. Einen Schritt in diese Richtung hat 2017 der Reiseveranstalter Studiosus mit der Erstellung individualisierter Kataloge unternommen.

Erste Versuche, touristische Angebote über digitale Medien zu personalisieren, laufen bereits. Nach Angaben der Fachzeitschrift fvw erprobt die Digitalagentur Add2 für die Lufthansa-Tochter Eurowings personalisierte Web-Radio-Spots. „So bekommen beispielsweise Hörer, die im Vorfeld Interesse an bestimmten Destinationen gezeigt haben, durch die Retargeting-Mechanik das für sie relevante Angebot zu hören“ (Pilar 2018, S. 50).

Neben den klassischen Werbemitteln (Reisekataloge, Anzeigen, Radio- und TV-Spots, Schaufenstergestaltung, Give aways etc.) werden weitere Möglichkeiten erschlossen, um potenzielle Kunden anzusprechen. Hierzu gehören Eventveranstaltungen und hochwertige crossmediale Angebote. So zeigt beispielsweise schauinsland-reisen ab Sommer 2018 die Abenteuer des Lemurenäffchen Katta als Musical in Duisburg. Die TUI nahm das Musical „Ich war noch niemals in New York“ zum Anlass, mit dem Operettenhaus Hamburg eine Kooperation einzugehen und das Haus in TUI-Operettenhaus umzubenennen.

Nutzungsmöglichkeiten von immer mehr Werbemitteln im Sinne einer Omnichannel-Strategie bedeuten jedoch nicht zwangsläufig, dass mehr potenzielle Kunden erreicht werden. Mit einer Reiseintensität von über 75 % ist das Marktpotenzial weitgehend ausgeschöpft. Es geht weniger um die Gewinnung von Nichtreisenden, sondern um Abwerbung und Umverteilung bisheriger Kunden. Die wachsende Anzahl von Werbemitteln birgt zudem auch eine Zunahme psychologischer Gefahren. Je mehr Angebotsinformationen zur Verfügung stehen, umso schwieriger wird es für Kunden, eine Zuwendungsentscheidung zu treffen. Denn mit der quantitativen Werbezunahme wächst gleichzeitig die Gefahr des Reaktanzverhaltens bei Kunden. Sind die Werbeinformationen zudem sehr ähnlich, wird der Auswahlprozess zusätzlich durch den Ranschburgschen Hemmungseffekt erschwert. Um diese Effekte zu umgehen, sind Kunden gezwungen, eine Medienselektion vorzunehmen oder wenden sich intuitiv den Werbemedien ab.

Der Wert bereitgestellter Werbe- und Informationsmaterialien (Arbeitsaufwand von Routenbeschreibungen, Reisetipps, Bildauswahl- und Darstellungen u. a.) wird durch die Kunden weder erkannt noch hinreichend gewürdigt. Ein Indiz hierfür ist der Nachfrageumfang (notwendige Anzahl der verwendeten Reisekataloge pro Reisebuchung), sowie der Umgang und die Weiterverwertung der Reisekataloge. Selbst eine Aktion der Rewe-Bausteintouristik (heute DER Touristik) im Jahr 2012, die Rückgabe mit Reisegutscheinen zu belohnen, hatte nur mäßigen Erfolg. Eine höhere Wertezuschreibung für das Produkt Katalog kann durchaus relevant sein, denn mit den bereitgestellten Informationen erfolgt ein erster Wertungsanker, der sich auf das reale Reiseprodukt überträgt und fortsetzt.

4 Die Werbebegegnung

Im Prozess der Wahrnehmung werden aufgenommene Reize stets gefiltert. Bevorzugt werden solche Reize, die für den Einzelnen von Bedeutung sind oder bedeutsam erscheinen. In touristischen Werbebegegnungen sind es Informationen, welche zur eigenen Reisepersönlichkeit und zum eigenen Reiseverhalten kongruent sind. Der Einfluss von Voreinstellungen und die Darbietung konsistenter Informationen auf die Wahrnehmungswirkung ist hinlänglich untersucht.

Die tägliche Werbereizflut ist so groß, dass die Mehrheit der Menschen Werbung eher lästig als hilfreich empfindet. Dieses Verhalten ändert sich dann, wenn ein bestimmtes Produkt benötigt wird oder eine Reiseplanung ansteht. Jetzt werden zugehörige Werbeinformationen interessant und mit einer gesteigerten Aufmerksamkeit verfolgt. Denn Menschen suchen bei anstehenden Kaufentscheidungen sehr gezielt nach relevanten Informationen, um möglichst keine Fehlentscheidungen zu begehen. Je höher der Produktwert, umso größer ist deren Informationsaufmerksamkeit.

Eine stetig steigende Werbeflut führt zur Verschiebung von Reizschwellengrenzen. Um eine Wahrnehmung beim Kunden zu erreichen, müssen bei Werbeaktivitäten immer höhere Toleranzschwellen erreicht oder überschritten werden. Streu- und Überstrahlungseffekte wie auch Abnutzungseffekte der eingesetzten Werbemittel führen dazu, dass ein Großteil der touristischen Werbeaktivitäten verpufft. Im Zusammenhang mit dem Mere exposure Effekt wird jedoch davon ausgegangen, dass auch unbewusst oder beiläufig aufgenommene Werbeinformationen Gedächtnisspuren hinterlassen, die bei späteren Begegnungen dazu führen, dass die beworbenen Werbeobjekte besser eingeschätzt werden. Der Effekt ist umso stärker, je weniger sich der Kunde an den vorangegangenen Werbeimpuls erinnert.

© Springer Fachmedien Wiesbaden GmbH, ein Teil von Springer Nature 2019
H.-P. Herrmann, *Psychologisches Tourismusmarketing,* essentials,
https://doi.org/10.1007/978-3-658-23680-9_4

Mehrfachbegegnungen führen zu einer verbesserten Einprägung. Dieser konditionale Einprägungseffekt ist besonders wirksam, wenn vonseiten des Umworbenen eine Interessensdisposition zum Werbegegenstand besteht. Bereits bloße Wiederholungen von Werbeaussagen können zu einer höheren subjektiven Plausibilität (dem sogenannten Truth-Effekt) führen. Daraus kann aber nicht zwingend abgeleitet werden, dass bei einer langen Werbedauer sich auch der Werbeerfolg nachhaltig verbessert. Erfolgt die Werbung über einen längeren Zeitraum mit gleichen Slogans oder Inhalten (wie beispielsweise von Alltours praktiziert) so kommt es zu einer Abnahme der Sensibilität gegenüber den in der Werbung verwendeten Reizen. Von einer Sensibilitätsabnahme ist auszugehen, wenn durch die wiederholte Darbietung des gleichen oder einen ähnlichen Stimulus eine hinreichende Informationssättigung eintritt.

Viel Aufmerksamkeitspotenzial wird verschenkt, weil Werbematerialien schlecht gestaltet sind und daher potenzielle Kunden nicht ansprechen. Häufige Fehler sind hier die Verwendung von unzureichenden Wirkungselementen oder eine verfehlte Zielgruppenansprache. Bei Reiseprospekten reichen die Schwachstellen von inhaltslosen Covergestaltungen bis zu Überkontrastwirkungen. Starke Kontrastierungen sind werbepsychologisch sinnvoll, da sie die Aufmerksamkeitslenkung befördern. Ist die Kontrastwirkung zu stark, sind Dissonanzgefühle nicht auszuschließen. So heben sich beispielsweise die von schauinsland-reisen aus Anlass ihres 100-jährigen Bestehen produzierten Endless-Reisekataloge im Retro-Look optisch von den Konkurrenzkatalogen ab. Die hier gewählten Farbkontraste wirken jedoch unnatürlich und begünstigen disharmonische Gefühle. Das eine Gestaltung von Reisekatalogen im Retro-Look durchaus gelingen kann, zeigte z. B. die TUI, welche im Jahr 2009 aus Anlass ihres 40-jährigen Bestehens einen ansprechenden Geburtstagskatalog im Retro-Look herausbrachte.

Eine allgemeine hohe Zuwendung erfahren Werbemedien und -maßnahmen, wenn sie auf Neuigkeitseffekte aufbauen, emotional ansprechen, authentisch wirken, zielgruppenaffine Inhalte transportieren und dort wo es möglich ist, Endverbraucher einbeziehen. Da sich Werbeeffekte abnutzen und Informationsgewohnheiten ändern, sind beständige Anpassungen unerlässlich.

Bei der Zuwendung und Informationsaufnahme bestehen sowohl geschlechterals auch interessenspezifische Unterschiede. Eine kritische Bewertung zu Schwachstellen der TVG-Homepage in Zusammenarbeit mit der Fachhochschule München ergab, dass viele Webseiten von Männern gestaltet werden und Frauen sich daher von der digitalen Umsetzung nicht angesprochen fühlen. So sind Frauen emotionaler, legen mehr Wert auf die Bildqualität, achten auf Details und differenzieren bspw. Farbnuancen stärker (vgl. Franke 2017, S. 13 ff.).

Die Qualität der Informationsspeicherung von Werbeinhalten wird durch verschiedene Sachverhalte beeinflusst. Hierzu gehören die persönliche Informationsbedeutsamkeit, das Vorwissen und Verknüpfungsmöglichkeiten mit anderen Gedächtnisinhalten, die Ausgeprägtheit der Information, dargebotene Informationsstrukturierungen, der Imaginationsgrad oder die Einordnung wahrgenommener Informationen in Bezug auf die reale Lebenswirklichkeit. Touristische Werbegestaltungsgrundsätze sowie einen Werbeforderungskatalog für touristische Angebote und Dienstleistungen sind bei Herrmann aufgeführt (vgl. Herrmann 2016, S. 45 ff.).

Neben der Werbemittelwahl ist die Umfeldsituation sowie der Werbezeitpunkt von Bedeutung. Während Umweltsituationen Gefühle beeinflussen, hat der Werbezeitpunkt Einfluss auf den Grad der Hinwendungsbereitschaft. Werth und Mayer subsumieren unter dem Begriff Gefühl eine Vielzahl von Empfindungen, deren wichtigste Formen Stimmungen und Emotionen sind. Reise- und Urlaubswünsche sind über das gesamte Jahr latent vorhanden. Die bewusste Hinwendung und das allgemein gestiegene Interesse an Urlaubsinformationen am Ende eines Jahres ist nicht zufällig, sondern Folge mehrerer Umfeldbedingungen. Zu den entscheidenden Impulsen einer verstärkten Hinwendung gehören die Forderungen durch Arbeitgeber, die betriebliche Urlaubsplanung zum Jahresbeginn abzuschließen. Andere Impulse entstehen durch die verstärkte Kommunikation mit dem Partner oder der Familie zwischen Weihnachten und Neujahr. Hier finden viele Menschen ein geeignetes Zeitfenster, um in Ruhe über Urlaubspläne zu sprechen. Beflügelt werden Urlaubsüberlegungen noch zusätzlich dadurch, dass beim Jahresrückblick vielfach Erinnerungen an vorangegangene Urlaube geweckt werden (vgl. Herrmann und Wetzel 2018, S. 22 f.). Die konzentrierte und massive Tourismuswerbung durch Reiseveranstalter und touristische Leistungsträger am Jahresanfang verstärkt aber gleichzeitig die Gefahr des Reaktanzverhaltens bei den Umworbenen.

Nach der Reiseentscheidung spielt die vorangegangene Werbebegegnung offensichtlich keine strategische Rolle mehr. Die Vorgänge der Werbebegegnung scheinen bei den Rezipienten später nicht mehr präsent zu sein. Studien, inwieweit Vorgänge der touristischen Werbebegegnung gespeichert und für zukünftige persönliche Werbestrategien hergezogen werden, gibt es nach meiner Kenntnis nicht. Relativ sicher erscheint hingegen, dass persönliche Reiseerfahrungen Rückkoppelungseffekte auf zukünftige Werbebegegnungen haben, wenn diese mit dem beworbenen Produkt in einem unmittelbaren Zusammenhang stehen.

5 Werbewirkung

Die Werbewirkung ist als ein fortschreitender Prozess aufzufassen. Rogge geht von vierzehn Prozessschritten aus, die von der Berührung in Form von Sinneswirkungen bis zur Objektentscheidung reichen (vgl. Rogge 1979, S. 63). Die Effektivität einer Werbung ist dann gegeben, wenn die positiven Sinneswirkungen zu einer Verstärkung der Reisemotivation führen und sich hierdurch ein Handlungsdruck aufbaut, welcher bis zum Zeitpunkt der Reisebuchung anhält.

Werbewirkungen zeigen sich nach der Verarbeitung aufgenommener Reize in Form von Reaktionen. Die Reaktionen sind davon abhängig, welche Bedeutungszuweisungen diese Reize im Zuge der Encodierung erhalten. Von entscheidender Bedeutung hierbei ist, wie Reize zu bereits bestehenden Wissensstrukturen in Beziehung gesetzt werden. Die Prozesse der Informationsverarbeitung sowie des Zusammenhangs von Motivation und Wissen werden durch verschiedene Modelle abgebildet. Zu den bekanntesten Modellen gehört das Elaboration-Likelihood-Modell (ELM) oder das Heuristisch-Systematische Modell (HSM), welches als Weiterentwicklung des ELM-Modells gesehen wird.

Von einer nachhaltigen Werbewirkung kann ausgegangen werden, wenn die zuvor dargebotenen Reize gut reproduzierbar sind. Informationen, die leicht abrufbar sind, werden als bedeutungsvoller und wahrheitsgemäßer angesehen. Menschen bewerten Sachverhalte nach der These, was einem leicht einfällt, muss gut sein. Diese Repräsentativitätsheuristik, in Form der subjektiven Leichtigkeit des Abrufes hat somit wesentlichen Einfluss auf das spätere Entscheidungsverhalten.

Werbeformen und Marketinginstrumente nutzen sich in ihrer Wirkung immer schneller ab und verlieren an Aufmerksamkeitslenkung. Auf gesättigten Märkten funktionieren Marketingkonzepte daher nur zeitbegrenzt. Je mehr Konkurrenz, umso zeitbegrenzter ist deren Wirkung. Die Folge ist eine tendenziell sinkende Werbedurchdringung. Diese kann entweder durch mehr Werbeaufwendungen, durch bessere Marketinginstrumente oder durch neue Strategien kompensiert werden.

© Springer Fachmedien Wiesbaden GmbH, ein Teil von Springer Nature 2019

H.-P. Herrmann, *Psychologisches Tourismusmarketing*, essentials,
https://doi.org/10.1007/978-3-658-23680-9_5

Bedeutsam für die Werbung sind nach Felser nicht Erwartungen, sondern Einstellungen, Bewertungen und Emotionen (vgl. Felser 2014, S. 19). Die Tourismuswerbung besitzt gute Voraussetzungen, Kunden über Emotionen anzusprechen. Der Reiseveranstalter Chamäleon hat beispielsweise seinem Reisekatalog 2017 eine hochwertige DVD beigelegt, die „Gänsehaut" hervorrufen soll. Der gewählte Ansatz ist gut, jedoch lassen sich emotionale Reaktionen auf zukünftige Ereignisse (z. B., wie werde ich es empfinden, wenn ich in Marrakesch auf dem weltberühmten „Gauklerplatz" stehe) nicht vorhersagen. Kunden können sich Reiseverläufe vorstellen, jedoch nicht, wie sie sich im Moment des tatsächlichen Reiseerlebnisses fühlen werden. Daher erscheint die Unterscheidung zwischen kognitiven und affektiven Empfindungen, wie sie von Werth und Mayer gesehen wird, sinnvoll (Wert und Mayer 2008, S. 69 f.). Empfindungen verändern sich zudem über die Lebensspanne. Je älter Menschen sind, desto stabiler werden tendenziell ihre emotionalen Grunddispositionen.

Die Verwendung emotionaler Bilder kann Urlaubsgefühle wecken, welche an vorangegangene Urlaube und damit an glückliche Zeiten erinnern. Über die Vorfreude werden positive Abrufreize aktiviert, welche in ähnlichen Situationen erlebt worden oder an diese erinnern. Dieser mood-state-dependent memory-Effekt ist immer an bereits erlebte Ereignisse gekoppelt. Die Vorfreude auf eine Urlaubsreise kann das Reiseerlebnis selbst nicht ersetzen. Erst das unmittelbare positive Urlaubserleben kann die hervorgebrachten Urlaubswünsche befriedigen. Wird der Urlaub aufgeschoben, so bleibt der Reisewunsch in der Regel bestehen, verliert aber häufig an motivationaler Stärke.

Werbewirkung im Sinne von Werbeerfolg basiert nicht nur auf emotionalen Berührungen. Um zu einer positiven Einstellung im Sinne einer Reisebuchung zu gelangen, bedarf es neben der affektiven Komponente noch der kognitiven und konativen Komponente. Während die kognitive Komponente Wissen aktiviert und die logische Stimmigkeit der Aussagen hinterfragt, fungiert die konative Komponente als Einstellungs- und Handlungsdisposition.

Fehlt der Zusammenhang dieser drei Komponenten, wird die Sinnhaftigkeit des Angebotes infrage gestellt oder nicht erkannt. Diese drei wesentlichen Komponenten der Einstellung sind nicht starr, sondern in ihrer Wirkung zielgruppenspezifisch. Daher erscheint es sinnvoll, Nutzergruppen unterschiedlichen anzusprechen, um den gewünschten Werbeerfolg zu erzielen.

Wir leben heute nicht nur in einer Wissensgesellschaft, sondern der Drang nach Wissensaneignung hält bis ins hohe Alter ungebrochen an. Ein untrügliches Zeichen hierfür ist die starke Nachfrage bei Seniorenakademien an Universitäten und Hochschulen nach allgemeinwissenschaftlichen Lehrangeboten. Touristische Marketingaktivitäten erscheinen bei Best Agern besonders dann erfolgreich sein, wenn eine Verknüpfung mit touristischen Wissensinhalten erfolgt. Neue Anspracheformen, wie etwa spannende touristische Wissenslehrgänge für Reiseinteressierte erscheinen daher nicht nur sinnvoll, sondern könnten eine nachhaltige Werbewirkung entfalten.

6 Touristische Marken

Im Tourismus besteht eine besonders große Markenvielfalt. Das Markenportfolio der drei großen Reisekonzerne (TUI, Thomas Cook und DER Touristik) umfasst zusammen mehr als hundert Einzelmarken. Diese große Markenvielfalt ist durch Zukäufe sowie der Schaffung spezialisierter Reiseangebote, welche die Begründung weiterer eigener Marken zu Folge hatte, entstanden. Eine nachhaltige Reduktion der derzeitigen Markenvielfalt, wie beispielsweise die bei TUI geplante Reduktion des Hotelmarkenportfolios von über 20 auf zukünftig nur noch sieben Hotelmarken, erscheint sinnvoll.

Regelmäßig durchgeführte Erhebungen zeigen, dass Reisekunden den touristischen Marken eine höhere Bedeutung als Destinationen beimessen. Bei einer allgemeinen Abnahme der Markentreue erscheint der Sachverhalt paradox, erklärt sich jedoch aus der besonderen Produktwertigkeit. Urlaub wird wegen seiner Zeitbegrenztheit und relativ hoher Kosten als ein besonders wertvolles Gut angesehen. Je wertvoller das Gut, umso höher ist das Sicherheitsstreben und die Scheu vor Risiken. Marken vermitteln Sicherheit, da sie ein Qualitätsversprechen implizieren. Mit der Buchung einer Reisemarke erfolgt eine Strategie der Risikominimierung.

Die Entstehung einer Markenpersönlichkeit wird durch mehrere Faktoren beeinflusst. Neben den sichtbaren Zeichen wie Markenlogo und Markenname sind Werbestil, Produktkategorie, assoziierte Produktattribute, der Preis sowie die gewählten Vertriebswege ausschlaggebende Sachverhalte (vgl. Aaker 2001, S. 94 f.). Ihre Wirkung basiert auf dem Zusammenspiel dieser Elemente bei gleichzeitiger Widerspruchsfreiheit. Das Hauptproblem der Markenpolitik besteht nicht im technischen Aufbau, sondern in der richtigen bewusstseinsbildenden Markenplatzierung in den Köpfen der Kunden. Nach Krober-Riel ist die Nichtbeachtung des emotionalen Ausstrahlungsgehaltes oft ein wesentlicher

© Springer Fachmedien Wiesbaden GmbH, ein Teil von Springer Nature 2019

H.-P. Herrmann, *Psychologisches Tourismusmarketing*, essentials,
https://doi.org/10.1007/978-3-658-23680-9_6

Grund dafür, weshalb Marken trotz sorgfältiger Markteinführungsvorbereitungen und hohen Marketingaufwendungen floppen. Ohne emotionale Produktdifferenzierung, die der Marke ein spezifisches und klares Erlebnisprofil gibt, kann sie sich von konkurrierenden Marken schwer abheben (vgl. Krober-Riel, Weinberg 1996, S. 137).

Markenbekanntheit und Markensympathie lassen sich nur über Mehrfachkontakte aufbauen. Die allgemein zunehmende Markenvielfalt erschwert nicht nur den Aufbau einer neuen Marke, sondern auch die Aufrechterhaltung bisheriger Marken hinsichtlich ihrer Markenbekanntheit und Markensympathie. Wie volatil die Markenbekanntheit und -sympathie der großen touristischen Reiseveranstaltermarken aus Kundensicht ist, zeigt bereits die Gegenüberstellung des erhoben Brand-Index von zwei aufeinander folgenden Jahreserhebungen durch das Marktforschungsinstitut Yougov für die Fachzeitschrift fvw. In der Einschätzung durch aktuelle Kunden belegte 2016 Meiers Weltreisen Rangplatz eins und rutschte 2017 auf Rangplatz acht ab. ADAC Reisen, welche bei den aktuellen Kunden 2017 auf Rangplatz eins gesetzt wurde, belegte im Vorjahr hingegen nur Rang elf (vgl. Pilar 2017 S. 49 f., 2018 S. 70 f.). Diese sehr großen Veränderungen lassen sich jedoch nicht allein aus allgemeinen volatilen Schwankungen erklären, sondern dürften auch auf die im Punkt 10 dargelegten Sachverhalte beruhen.

Marken unterliegen einem Werte- und Bedeutungswandel. Lag die bisherige Bedeutung einer Marke auf deren Widererkennung, dem impliziten Qualitätsversprechen und einer erleichternden Entscheidungszuwendung, so ist die heutige Markenwirkung wesentlich stärker auf emotionale Empfindungen und dem „Transport" von Markeninhalten ausgerichtet. Hierin liegt ein wesentlicher Grund, weshalb seit 2013 die Reiseveranstalter Thomas Cook, DER Touristik und schauinsland-reisen ihr Dach- bzw. Hauptmarkenlogo grundlegend geändert haben sowie AIDA-Cruises ihr Markenlogo einer leichten Modifizierung (Entfernung des Bugstrahls im Logo) unterzogen hat. Um ein moderneres Erscheinungsbild auszustrahlen und mehr Aufmerksamkeit zu generieren, wurden zudem viele Einzel- und Submarken einem Markenrelaunch unterzogen. Ein Markenrelaunch dient der Anpassung an veränderte Wahrnehmungs- und Assoziationsgegebenheiten der Konsumenten. Gegenwärtig typische Relaunchbeispiele sind monogrammähnliche Gestaltungen der Anfangsbuchstaben im Logo, wie etwa bei Berge & Meer oder Meiers Weltreisen.

Während Veränderungen des Markenlogos durch die Kunden relativ schnell angenommen werden, erscheinen Änderungen des Markennamens problematisch. Ein klassisches Beispiel hierfür ist die gescheiterte Namensumbenennung von Condor in Thomas-Cook-Airline. Der Ferienflieger von Thomas Cook trägt daher wieder den ursprünglichen Namen Condor. Es erscheint daher sinnvoll, wenn bei einem Eigentümerwechsel der bisherige Markenname, beibehalten wird. Jüngeres Beispiel ist die Übernahme von JT-Touristik durch Lidl holidays, obwohl die Initialen für die Unternehmensgründerin Jasmin Taylor stehen, wurde der Markenname JT-Touristik beibehalten.

Stark eingeführte und verwurzelte Marken überstehen einen Markenrelaunch auch dann relativ unbeschadet, wenn dieser aus psychologischer Sicht nicht optimal erfolgte. Jüngstes Beispiel ist hierfür das 2018 geänderte Lufthansa-Logo von seiner Grundfarbe gelb in ein tiefblau. Die Farbe tiefblau assoziiert sinnbezügliche Schwere, was einen Gegensatz zur „Leichtigkeit" des Fliegens darstellt. Den genau umgekehrten Weg der farblichen Logogestaltung hat Thomas Cook bei seinem Markenlogo beschritten. Aus einer weitgehend tiefblauen Weltkugel ist ein gelbes Herzenslogo entstanden. Das Logo wirkt daher nicht nur leichter, sondern die Farbe Gelb unterstützt Urlaubsassoziationen wie Sonne oder Strand. Das Herz steht zudem für Liebe, Zuneigung und Herzlichkeit.

Sehr viele Reiseveranstaltermarken, Reisevertriebsmarken sowie Marken touristischer Leistungsträger sind in den Köpfen der Kunden relativ fest verankert. Diesen Erfolg streben nun auch Destinationen an, weshalb sie verstärkte Anstrengungen unternehmen, ihre Zielgebiete als Marke zu etablieren. Dabei setzt sich die Erkenntnis durch, dass Gebiets- und/oder Ländermarken ein wesentlich höheres Bekanntheitspotenzial erreichen können, als regionale Destinationsmarken. Ein zentrales Problem des Aufbaus von Destinationsmarken ist, dass diese im Gegensatz zu Reiseveranstaltern, Vertriebsorganisationen oder Leistungsträgern weit stärker vom Umfeldkontext abhängen. Ihre Beständigkeit wird vom Image getragen und kann sich durch destinationsbezogene Ereignisse (Terror, Naturereignisse, politische Unwägbarkeiten etc.) schnell wandeln.

Seit Jahren ist eine abnehmende Markentreue zu verzeichnen. Diese generalisierte Aussage ist altersgruppendifferenziert zu betrachten. Mit steigendem Lebensalter nimmt die Plastizität tendenziell ab, was zur Folge hat, dass die Immunität gegenüber Veränderungen zunimmt. Best Ager, welche mit ihrer bisherigen Marke (insbesondere Reiseveranstaltermarke) zufrieden sind, besitzen eine geringe Wechselneigung. Übliche Marketingmaßnahmen bewirken bei diesem Personenkreis i. d. R. wenig. Erfolgsversprechender erscheinen Maßnahmen, bei denen sich die Best Ager diesen bewusst zuwenden, im hohen Maß involviert sind und sich diese Maßnahmen über einen längeren Zeitraum erstrecken. Ein klassisches Beispiel hierfür sind interessensbasierte Lern- und Wissensangebote.

7 Der Reisepreis

Der Reisepreis ist das wichtigste Auswahl- und Entscheidungskriterium bei Reiseentscheidungen. Neben der monetären Preisfunktion können auch emotionale Gefühle wie Preisfreude, Preisüberraschung oder Preisneid entstehen, die anstehende Reiseentscheidungen beeinflussen. Wie Müller zum Neuropricing bemerkt, arbeitet das Gehirn eines Verkäufers nach denselben Regeln wie jedes andere Gehirn (vgl. Müller 2012, S. 103). Preispsychologische Mechanismen zu kennen, verschafft dem Verkäufer nicht nur Verkaufsvorteile, sondern hilft ihm zugleich, eigene preisbezogene Denkfehler zu vermeiden.

Die Wertigkeit einer Reise wird nicht objektiv, sondern stets durch subjektive Sichtweisen des Einzelnen bestimmt. Diese Subjektivität führt dazu, dass eine völlig identische Reise (hinsichtlich Preis, Leistungen, Reisezeitraum etc.) in ihrer Wertigkeit völlig unterschiedlich beurteilt wird. Ausschlaggebende Variablen für das individuelle unterschiedliche Wertigkeitsempfinden sind beispielsweise Präferenzneigungen, Verfügbarkeit, Entscheidungsinvolviertheit oder monetäre Sichtweise hinsichtlich des persönlichen Nutzens oder aufwandsorientierter Variablen.

Kunden sind darauf bedacht, keine Preisfehler zu begehen. Die Preisaufmerksamkeit ist umso höher, je wertvoller oder preisintensiver der begehrte Gegenstand ist. Von einer gesteigerten Preisaufmerksamkeit ist auszugehen, wenn es für die Reise noch keine persönlichen Preiserfahrungen (z. B. neue Reiseform) gibt, wenn Reiseangebote erheblich vom gewohnten Niveau abweichen, Reisepreise im Zentrum der öffentlichen Aufmerksamkeit stehen, es sich um einen neuen Anbieter handelt oder widersprüchliche Aussagen wahrgenommen werden.

Das Preisempfinden wird stark von der Preisdarstellung, insbesondere der Preisoptik beeinflusst. Grundpreisdarstellungen ohne Zuschläge und Nebenkosten erscheinen zunächst günstig, wirken sich aber bei der späteren Bewertung des Anbieters hinsichtlich der Preisfairnes negativ aus.

© Springer Fachmedien Wiesbaden GmbH, ein Teil von Springer Nature 2019

H.-P. Herrmann, *Psychologisches Tourismusmarketing,* essentials,
https://doi.org/10.1007/978-3-658-23680-9_7

In der Erkundungsphase orientieren sich Kunden stark an individuelle gesetzten Preisschwellen und bilden Preisklassen. Obere Preisschwellen markieren den Höchstbetrag, den Kunden bereit sind, für eine Reise auszugeben. Untere Preisschwellen werden gezogen, um der Gefahr zu entgehen, ein nicht qualitativ zufriedenstellendes Angebot zu erhalten. Preise zwischen der oberen und unteren Preisschwelle sind für Kunden akzeptable Reisepreise. Innerhalb dieses Preisspektrums entstehen Preisbeurteilungskategorien in Form von Preisklassen. Typische Beurteilungskategorien sind „teuer", „normal" und „billig".

Das Reisepreiswissen verkörpert die Preiskenntnis über Reisen oder touristische Leistungen. Der Kaufpreis höherwertiger oder besonderer Produkte, wozu gewöhnlich Reisen gehören, wird kognitiv stärker gewichtet als beispielsweise Alltagsprodukte aus dem Supermarkt. Durch die stärkere Gewichtung sind die Preise längere Zeit im Gedächtnis präsent. Werden später ähnliche Reisen gebucht, so werden diese als Vergleichspreis herangezogen. Eine Durchsetzung höherer Reisepreise ist oft nur möglich, wenn hierfür glaubhafte und nachvollziehbare Gründe genannt werden können.

Der Verkauf von spezifischen touristischen Angeboten wie Bahn- oder Flugtickets über Supermärkte ist deshalb erfolgreich, weil diese Angebote mit wertbasierten Elementen verknüpft werden. Der „Wert" dieser touristischen Angebote ergibt sich aus ihrer zeitlichen Begrenztheit und damit scheinbar limitierten Verfügbarkeit. Bei anderen Reiseangeboten, welche Supermärkte ebenfalls ihren Kunden unterbreiten, funktioniert dieses Verknappungs- oder Deadline-Prinzip nicht. Auch wenn Reiseangebote nur monatsweise angeboten werden und spätestens nach vier Wochen verschwinden, kommt bei den Kunden kein Verknappungsgefühl auf, weil diese beständig durch neue Reiseangebote ersetzt werden.

Eingeführte Limitierungen im Zuge eines entstandenen „Overtourism" zeigen die gleiche Wirkung. Zugangsbeschränkungen wie beispielsweise für die Altstadt von Dubrovnik oder für die Inkastadt Machu Picchu helfen zunächst, diese historischen Städte vom Tourismus zu entlasten, bewirken aber gleichzeitig, dass ihr Wertigkeit proportional zur Limitierung steigt. Durch den limitierten Zugang erscheinen diese Orte wertvoller, was zur Folge hat, dass die Nachfrage hiernach zunimmt. Folgen sind steigende Preise und zugleich eine immer größere Anzahl von Nachfragern, welche enttäuscht abgewiesen werden müssen. Dabei steht das Thema Overtourismus für Reiseveranstalter, touristische Leistungsträger, Reisevertrieb und Destinationen erst am Anfang seiner Problementfaltung. Selbst in kleinen und mittleren deutschen Städten nehmen die Widerstände gegen steigende Touristenzahlen zu. So kam es in Bamberg 2015 erstmals zu Bürgerprotesten gegen die ständig steigende Zahl von Flusskreuzfahrtschiffen. Auslöser der Proteste ist vielfach weniger die Sorge um den Schutz kultureller

Güter, sondern der psychische Umstand des erlebten Crowdings. Die Gefahr des Negativempfindens der sozialen Dichte ist besonders dann groß, wenn eine hohe Anzahl von Touristen auf eine verhältnismäßig geringe Einwohnerzahl trifft. Die Stressbelastungsempfindung steigt, je kleiner das territoriale Gebiet ist, in dem sich Tourismusströme bündelt und je weniger Rückzugsmöglichkeiten die Einwohner besitzen. Die Aussicht auf touristische Einnahmen kann diesen Umstand nicht kompensieren und verfehlt daher ihre argumentative Wirkung. Dieses ist insbesondere der Fall, wenn es sich um Tagestouristen handelt, wo die touristische Wertschöpfung gering ist.

Frühbucherrabatte, Kinderfestpreise oder auch nachträgliche Preissenkungen sind marktübliche Instrumente, um Buchungsimpulse zu setzen. In jüngerer Vergangenheit sind weitere Anreize hinzugekommen. So hat Thomas Cook bei Reisebuchungen der Marken Neckermann, Signature, Öger Tours, Bucher und air marin gegen eine kleine Kundengebühr die Möglichkeit der FLEXOption, d. h. die Möglichkeit des flexiblen Umbuchens bis 10 Tage vor Reiseantritt ohne Angaben von Gründen eingeführt. Was gut gemeint ist, kann sich aus psychologischer Sicht auf die Produktzufriedenheit und somit auf die Kundenzufriedenheit kontraproduktiv auswirken. Felser verweist hier beispielsweise auf Forschungen zum sogenannten kontrafaktischen Denken, die besagen, „… dass es eher belastend ist, über Dinge nachzudenken, die man nicht hat. Dieses könnte erklären, warum Menschen mit den Ergebnissen reversibler Entscheidungen weniger zufrieden sind: Durch die Umkehrbarkeit bleiben die nicht gewählten Alternativen immer noch eingeblendet. Der Entscheider grübelt über die Frage, ob er sich nicht besser umentscheiden sollte, und dies untergräbt die Zufriedenheit“ (Felser 2014, S. 98).

Das im Tourismusbereich mit unterschiedlichen Preissystemen experimentiert wird, zeigt sich beispielhaft an den Reiseversicherern ERV und URV. Während die Europäische Reiseversicherung (ERV) im Jahr 2017 damit begonnen hat, altersabhängige Versicherungstarife bei Einmal-Policen einzuführen (vgl. Eversmeier 2017, S. 47) führt die Union Reiseversicherung (URV) ab 2018 ein neues Tarifsystem ein, bei denen einheitliche Tarife unabhängig von der Reiseart, Art des Verkehrsmittels, Alter oder familiärer Status (Einzelperson, Paare, Familien) gelten (fvw-Redaktion 2018, S. 13). Die URV hat sich hier für das Prinzip der Einfachheit unter Beibehaltung des Solidarsystems entschieden, während bei der ERV das Alter die Höhe der Policen bestimmt. Aus Unternehmenssicht nachvollziehbar, da mit steigendem Alter der Eintritt eines Versicherungsfalls wahrscheinlicher wird. Dennoch ist es eine gefährliche Strategie, da aus Sicht älterer Reisenden nicht nur ein Gefühl der Ungleichbehandlung entsteht, sondern das Solidarsystem, was ein tragendes Element aller Versicherungen darstellt, damit teilweise infrage gestellt wird.

8 Der Reisekunde

Die Einzigartigkeit eines Kunden wird durch seine individuelle Persönlichkeitsstruktur bestimmt. Sie reicht von Motiv- und Interessendispositionen, über Veranlagungen, Temperamente, kognitive Wissensinhalte, Einstellungen, Erfahrungen bis hin zu Selbstwertkonzepten. Wegen dieser Vielzahl unterschiedlich individueller Merkmalsausprägungen ist kein Reisekunde dem anderen gleich. Die Betrachtung eines Kunden sollte daher stets aus der idiografischen Sichtweise erfolgen.

Die Wahrnehmung und Beurteilung von Personen ist nicht objektiv, sondern stets subjektiv geprägt. Eine Reihe von psychologischen Effekten (Halo-Effekt, Bildung sozialer Stereotypen, Erst- und Letzteffekt, Hierarchieeffekte etc.), welche hinlänglich bekannt sind, führen regelmäßig zu grundlegenden Wahrnehmung- und Einschätzungsfehler anderer Personen. Begünstigt werden Beurteilungsfehler dadurch, dass Menschen sich bewusst verstellen können und es schaffen, sich über einen kurzen Zeitraum anders darzustellen, als sie wirklich sind. Dieses Problem ist von Personaleinstellungsgesprächen bekannt, weshalb selbst erfahrene Personalchefs zunehmend auf Assessment-Center-Verfahren setzen, um nicht Beurteilungstäuschungen zu unterliegen.

Reisemittler sollten sich von der Vorstellung trennen, dass ein Reisekunde, den sie im Beratungsgespräch erlebt haben, in der Folgeberatung der „gleiche" Reisekunde sein wird. Nicht bedacht wird, dass es eine dynamische Wechselwirkung zwischen der individuellen Persönlichkeitsstruktur, bisher erlernten Verhalten und der jeweiligen Umfeldsituation gibt. Kunden lernen hinzu. Sie beziehen vorhandenes Wissen über den Reisemittler bei der Folgeberatung mit ein und passen sich nun in ihrem Verhalten flexibler an. Auch die Umfeldsituation ist nicht mehr identisch (bspw. kleine Veränderungen der Umfeldatmosphäre, Verhaltensänderungen des Reisemittlers oder eine etwas anders reflektierte Gefühlslage) führen zu Auftretensänderungen beim Kunden.

© Springer Fachmedien Wiesbaden GmbH, ein Teil von Springer Nature 2019

H.-P. Herrmann, *Psychologisches Tourismusmarketing,* essentials,
https://doi.org/10.1007/978-3-658-23680-9_8

Wie sich spezifische Präferenzen und Reiseverhaltenseigenschaften entwickeln, ist bisher nur ansatzweise erforscht. Ein möglicher Erklärungsansatz ist, dass das Reiseverhalten in seiner Grundausrichtung bereits früh über die Sozialisation der Eltern geprägt wird. Vorgelebtes Reiseverhalten und Reiseformen werden offensichtlich übernommen. Vieles deutet auf eine Korrelation zwischen Reisehäufigkeit der Eltern und deren Kinder hin. Mundt konnte am Beispiel empirischer Zahlen zeigen, dass die Nettoreiseintensität der Nachfolgegeneration umso höher lag, je mehr die Elterngeneration an Reiseintensität zugelegt hatte. Mundt spricht hier vom Fahrstuhleffekt verschiedener Alterskohorten beim Einstieg in das aktive Reiseleben (vgl. Mundt 2013, S. 84). Weil beim gegenwärtigen Stand der Reiseintensität diese ausgereizt erscheint, wird sich der Effekt der Reisesozialisation wahrscheinlich nun stärker auf Reiseformen und Destinationen verlagern.

Reisekunden als individuelle Persönlichkeiten zu kennen, hat Vorteile. Je mehr Persönlichkeitsdispositionen bekannt sind, um so zielgenauer lassen sich Reiseangebote unterbreiten und Kunden lenken. Empirische Verfahren zur Erhebung individueller Persönlichkeitsdaten gibt es bereits seit mehreren Jahrzehnten. Erst seit Google, Facebook, Amazon & Co die Auswertung privater Daten dazu nutzen, passgenaue personalisierte Angebote zu erstellen, wurde der Wert individueller Persönlichkeitsdaten sichtbar. Seiher gibt es in vielfältigen Bereichen Bestrebungen, möglichst viele persönliche Daten zu sammeln und nutzbringend zu verwerten. Hiervon ist die Reisebranche, insbesondere der Reisevertrieb nicht ausgenommen. Aufforderungen an den Reisevertrieb, wie beispielsweise an die Mitarbeiter der Reisekooperation Deutscher Reisering ihre Kundendaten zu optimieren, dürfte nur bedingt zielführend sein. Die individuellen Persönlichkeitsdaten, welche sich jährlich bei ein oder zwei Reiseberatungen erkunden lassen, sind zu gering, um hieraus sichere Rückschlüsse auf eine Kundenpersönlichkeit zu schließen. Der Erfassung und Speicherung sind zudem durch die neue Datenschutzverordnung stärkere Grenzen gesetzt. Reiseempfehlungen basieren auf Vertrauen und dieses hohe Gut sollte gewahrt bleiben.

Zielführender wäre hier der Einsatz eines Wahlentscheidungsfragebogens als freiwilliges Serviceangebot im Rahmen der Reiseberatung. Denn viele Reisekunden haben aufgrund der Angebotsfülle und eigener multioptionaler Reisewünsche ein Wahlentscheidungsproblem. Sie können sich daher nicht oder nur schwer zu einer Reiseentscheidung durchringen. Das Angebot an die HS Harz und dem hier ansässigen Institut für Tourismusforschung (ITF), einen entsprechenden fundierten Fragebogen (unter Beachtung der wissenschaftlichen Kriterien Validität, Reliabilität und Objektivität) im Rahmen von Vertiefungsseminaren zur Tourismuspsychologie mit Studenten zu erarbeiten, fand keine Beachtung.

Pläne, Reisekunden zukünftig verstärkt über eine technikbasierte Kommunikation begegnen zu wollen, erscheinen gewagt. Unbestreitbar ist, dass technische Entwicklungen, wie die Künstliche Intelligenz Einzug in den Arbeits- und Lebensalltag gefunden haben und sich der Umfang wahrscheinlich noch ausweiten wird. Technikbasierte Anwendungen sind auf kurzfristige Lösungen ausgerichtet. Langfristige Entscheidungs- und Verhaltensausrichtungen, die jeder Mensch nur auf Grundlage seiner individuellen Persönlichkeitsdisposition (Erfahrungen, Einstellungen, Sozialität etc.) treffen kann, vermag künstliche Intelligenz nicht zu bewältigen. Insofern kann künstliche Intelligenz fatal wirken, insbesondere dann, wenn nachgeordnete Zukunftsprobleme nicht in die Entscheidungen einbezogen werden und so zu Fehleinschätzungen führen. Im Reisevertrieb gibt es erste Anzeichen der Abkehr einer „Technikgläubigkeit" und Hinwendung zur persönlichen Kommunikation. So sieht Cornelius Meyer, Vorstand der Reisebürokooperation Best-Reisen das Gegenmodell zum technikgetriebenen Netzanbieter im stationären Vertrieb mit seiner persönlichen Ansprache und individueller Kundenbeziehung (vgl. Lanz 2018, S. 16 f.).

Menschen sind und bleiben soziale Wesen, weshalb auch im digitalisierten Zeitalter das Bedürfnis nach persönlicher Kommunikation bestehen bleiben wird. Wegen ihrer sozialen Prägung werden Menschen auch zukünftig die persönliche Beratung präferieren und diese der „digitalen Kommunikation" bevorzugen. Gelebte Praxisbeispiele, wie die des Leipziger Reiseveranstalters Polster und Pohl zeigen dies seit Jahren in eindringlicher Weise. Die persönliche zwischenmenschliche Kommunikation vollzieht sich hier über die gesamte Reisekette, was dazu führt, dass bei jeder neuen Reisekatalogfreigabe die Kunden vor den eigenen Reisebüros z. T. stundenlang Schlange stehen, um diese zu buchen.

Das Kundenverhalten ist nur der sichtbare Ausdruck von inneren Bewertungs- und Entscheidungsprozessen. Stark zugenommen hat das sogenannte ambivalente Reisebuchungsverhalten, also ein gegensätzliches Buchungsverhalten der gleichen Person. So können Reisen im Reisebüro, im Internet oder über Call Center gebucht werden, wobei das Buchungsverhalten der Kunden zunehmend unberechenbarer wird. Das ambivalente Reisebuchungsverhalten ist die Folge gegensätzlicher Konsum- und Konsumententrends, welche durch technische Entwicklungen und Buchungsmöglichkeiten gestützt werden. Generell ist auf der einen Seite ein Trend zum Erlebniseinkauf und auf der anderen Seite ein Trend zum „Convenience-Shopping" festzustellen. Beide Trends werden, je nach Situation zum Teil von der gleichen Person bedient. Beim Einkaufserlebnis wird angenommen, dass der Wunsch nach immer höheren Reizschwellen besteht, welche sich in den Umfeldreizen beim Einkauf niederschlagen sollen. Ein Umstand, weshalb besonders Shopping-Center großen Zulauf erfahren.

In anderen Situationen wird das „Convenience-Shopping“ bevorzugt. Hier steht das Bestreben im Vordergrund, den hohen Arbeits- und Alltagsstress nicht noch durch direkte Einkäufe und sonstige Besorgungen, auszuweiten. Das Einkaufen soll keinen zusätzlichen Stress bereiten, sondern möglichst „bequem“ ablaufen. In diesem Umfeld konnten sich auch mobile Reiseverkäufer, welche die Kunden zu Hause beraten, etablieren.

Je mehr Persönlichkeitseigenschaften von einer Person bekannt sind, umso besser kann man deren Verhalten vorhersagen und dieses beeinflussen. Produktlenkungen gegen die Überzeugung des Kunden „durchzusetzen“ zu wollen, sind jedoch kontraproduktiv. Sie laufen Gefahr, den begonnenen Vertrauensaufbau zu beschädigen oder das bereits bestehende Vertrauensverhältnis zwischen Reisemittler und Kunden nachhaltig zu verletzen. Besonders Frauen, welche etwa 70–80 % der Reiseentscheidungen bei Paaren oder Familien initiieren und den weiteren Entscheidungsprozess begleiten, reagieren auf Lenkungsversuche erheblich sensibler als Männer.

Die Reiseberatung

9

Bei der Reiseberatung im Reisebüro besteht eine klare Rollenverteilung zwischen Reisemittler und Reisekunde. Die vorgegebene Rollenzuweisung prägt die Kommunikation. Erfolgen Beratungsgespräche durch mobile Reisemittler zu Hause, so verändert sich diese durch eine andere Kommunikationsstruktur. Über die Gast-Gastgeberbeziehung kommt es zur Aufweichung des Rollenzwangs. Diese und weitere Faktoren, wie eine höhere Aufgeschlossenheit, das vorhandene Sicherheitsgefühl im eigen Haus, die entgegengebrachte persönliche Zuwendungen etc. sind verantwortlich, dass mobile Reisemittler besonders erfolgreich operieren.

Reisekunden sehen sich als individuelle Persönlichkeiten und wollen durch den Reisemittler als solche behandelt werden. Bei der Beratung von hoch emotionalen Produkten, wie bei Reisen, geht es den Kunden nicht nur um den Erhalt wertvoller Informationen, sondern auch um das sinnhafte Erleben der Beratungssituation. Die neuen Gestaltungskonzepte der Reisebüros sind hierauf abgestellt (siehe Herrmann, Lehrbuch Tourismuspsychologie S. 68 ff.) und bewirken gleichzeitig einen positiven Rückkoppelungseffekt auf die Reisemittler selbst. Hier gilt der bekannte Grundsatz: Mitarbeiter müssen sich selbst Wohlfühlen, um eine Wohlfühlatmosphäre verbreiten zu können.

Nicht alle Formen des sinnlichen Erlebens, wie der derzeitige Einsatz von Virtual Reality-Brillen, müssen zwingend hilfreich sein. Aus psychologischer Sicht stellt sich hier nicht primär die Frage, ob diese Brillen und andere sinnliche Erlebnisinstrumente verkaufsfördernd wirken, sondern ob die virtuell erzeugte Welt mit der späteren real erlebten Urlaubswelt von den Kunden als kongruent erlebt wird. Wenn es durch die VR-Brillen zu einem Auseinanderfallen von „vorgespiegelten" Tatsachen in der Reiseberatung und dem späteren realen Reiseerleben kommt, so ist zu befürchten, dass deren Anwendungsschaden größer als deren Nutzen ist. Die gezeigten Inhalte können auch rechtliche Relevanz erhalten, wenn gezeigte Inhalte von den Kunden als Bestandteil der Reiseleistung verstanden werden.

© Springer Fachmedien Wiesbaden GmbH, ein Teil von Springer Nature 2019
H.-P. Herrmann, *Psychologisches Tourismusmarketing*, essentials,
https://doi.org/10.1007/978-3-658-23680-9_9

Je komplexer und preisintensiver die Reise, desto größer ist die Neigung zur Reiseberatung. Kunden wählen diese Strategie, um eine den Bedürfnissen angepasste optimale Reise zu finden und eigene Fehlerrisiken zu minimieren. Ein Teil der Reisekunden lässt sich daher in Reisebüros beraten und bucht dann online. Als Schutzfunktion wurden „Beratungsgebühren" eingeführt, die sich jedoch nur teilweise durchgesetzt haben.

Das Aufsuchen der Reiseberatung erfolgt in der Regel nicht spontan, sondern dann, wenn sich ein starker Präferenzbezug zum Thema Urlaub und Reisen gebildet hat. Kunden sehen in dieser Situation den Reisemittler nicht nur als Verkäufer, sondern auch als Partner im Lösen eines wichtigen Anliegens. Der sich hieraus ergebende Handlungsvorteil des Reisemittlers wird vielfach nicht genutzt, denn viele Beratungsgespräche enden ohne einen Buchungsabschluss. Häufige werden wichtige psychologische Sachverhalte, wie die Nichtbeachtung des Denkstils der Kunden, das unbewusste Anwenden konditionierter Beratungsmuster, eine polychrone Informationsdarbietungen, die unzureichende Beachtung von Alter und Entscheidungsplastizität oder eine zu geringe Ambiguitätstoleranz u. a. negiert. Die Reisebürokooperation TSS hatte 2006/2007 mit spezifischen verkaufspsychologischen Schulungen für Reisemittler begonnen, diese aber nicht weiterentwickelt und fortgeführt.

Häufig unterschätzt werden die psychologischen Effekte, welche vom Reisemittler selbst ausgehen. Hierzu gehört seine persönliche Wirkung auf Kunden (Attraktivität, Vertrauenswürdigkeit, Kompetenz, etc.) sowie seine unmittelbaren Verhaltensweisen, die gegenüber dem Reisekunden sichtbar werden. Einfluss haben auch alle Handlungen der Reisedarbietung, welche vom Reisemittler ausgehen. Spezifische Einflusseffekte, die sich aus der Reisedarbietung ergeben, wie Reihenfolgeeffekte, Ankereffekte, Positionierungseffekte, Priming-Effekte usw. werden in der Regel nicht beachtet oder sind den Reisemittlern nicht bekannt.

Die Kundenerwartungen gegenüber Reisemittlern beziehen sich besonders auf eine hohe Empathie, persönliche Zuverlässigkeit, dem Eingehen auf persönliche Wünsche und der Sicherheit eines persönlichen Ansprechpartners bei auftretenden Fragen. Hervorragende Produkt- und Destinationskenntnisse sind dabei wichtig und Grundvoraussetzung einer soliden Beratung. Diese werden aber im Vergleich zu den Kundenerwartungen überschätzt, was dazu geführt hat, dass primär in Produkt- und Zielgebietskenntnisse investiert wurde und der Kunde als Persönlichkeit ein Stück weit aus den Augen verloren gegangen ist. Aus der Einsicht, dass dem Ausbau von touristischen Aktivitäten der Internetgiganten Google & Co. auf lange Sicht nur mit persönlicher Ansprache und Kundenbeziehung zu begegnen ist, erfolgt vonseiten des Reisevertriebs ein erstes Umdenken. Die Bindung des Kunden an den Reisemittler wird nur gelingen, wenn in der Beratungssituation der Kunde als individuelle Persönlichkeit besser als bisher verstanden wird.

Viele Reisemittler spezialisieren sich entweder auf Reiseformen, Destinationen oder auf besondere Angebote. Dieses ist prinzipiell von Vorteil, da zu den jeweils spezialisierten Sachverhalten eine qualitativ hochwertige Beratung möglich ist. Die Gefahr bei spezialisierten Beratungen besteht in der kontinuierlichen Abkehr von divergenten Denkprozessen. Also ein schrittweiser Rückzug von kreativen Denkansätzen in der Kundenberatung, bei dem zum Teil ungewöhnliche Alternativen in Betracht gezogen werden, die auch außerhalb dieser Spezialisierung liegen.

Auch scheinbare Vorteile, wie das gemeinsame Destinations- und Erfahrungswissen von Reisemittler und Reisekunde müssen nicht zwingend positiv sein. In diesem Fall konzentriert sich die Reiseberatung und der Reiseauswahlprozess sehr stark auf Informationen, die beide Seiten bereits kennen. Der hier entstehende Hidden-Effekt, auch als Hidden-Profile-Paradigma bekannt, führt dazu, dass andere Informationen, die nicht dem geteilten Wissen unterliegen, tendenziell vernachlässigt werden. Unbewusst werden hierdurch die Lenkungen auf andere Angebote erschwert und bessere Angebote möglicherweise negiert.

Die Anforderungen an Reisemittler werden sich grundlegend verändern. Kunden benötigen Reisemittler in absehbarer Zeit nicht mehr, um detaillierte Reiseinformationen oder relevantes Destinationswissen zu erhalten. Sprachassistenten wie Alexa und Co werden in qualitativer Hinsicht nicht nur immer besser, sondern erhalten erweiterte Funktionen. Derzeit erobern die ersten Lautsprecher mit Displayanzeige den Markt. Der nächste logische Schritt wäre die Verknüpfung mit Bildern. Die rasant voranschreitende technische Entwicklung könnte bereits in naher Zukunft dazu führen, dass individuell passende Reiseinformationen mit zugehöriger bildlicher Unterstützung mittels einfacher Sprachsteuerungen blitzschnell zusammengetragen und angezeigt werden. Die dahinterstehenden Informationssysteme werden dann in der Lage sein, zu 100 % jene Informationen zu liefern, die auch Reisemittlern in der Reiseberatung verwenden. Reisemittler verlieren auf diesem Gebiet ihren touristischen Wissensvorsprung. Was Experten zukünftig auszeichnet, hat der Trendforscher Sven Gabor Jànszky in einem Interview wie folgt formuliert: „Experten verkaufen nicht mehr ihr Wissen, sondere ihre Fähigkeit, andere in Bewegung zu setzen, sie zu motivieren und zu begleiten. Sie arbeiten als Coaches …" (J. Wolf. 2018, S. 10). Reisevertriebsorganisationen, welchen ihre Mitarbeiter nicht auf die Veränderungen vorbereiten, werden schrittweise Kunden verlieren.

Reisemittler ziehen kurzfristige Erwägungen, wie Umsatz und Provision vor und gewichten längerfristigen Optionen, wie Vertrauensaufbau und einer stabilen Kundenbindung als weniger wichtig. Eine erfolgreiche Lenkung mit Buchungsabschluss zur Erreichung von Staffelprovisionen oder Boni führt auf Kundenseite oft nur zur scheinbaren Compliance. Kunden geben mit der Reisebuchung gegenüber dem Reisemittler ein scheinbar konformes Urteil ab, sind aber oft weiterhin davon überzeugt, dass noch andere Reiselösung möglich gewesen wären. Die Erreichung des kurzfristigen Ziels kann daher auch kontraproduktiv sein. Insbesondere dann, wenn hierdurch längerfristige Optionen, wie der Aufbau von Vertrauen und damit langfristige Kundenbeziehungen verbaut werden.

Die Gefahr einer negativen Compliance ist besonders groß, wenn es sich um Zusatzangebote handelt, die dem Eigennutz des Reisemittlers dienlich erscheinen, wie die geplante Einführung des Q-Plus Paket durch die QTA-Kooperation. Wenn vom QTA-Chef Thomas Bösel das Ziel ausgegeben wird, dass „möglichst kein Kunde ohne dieses Paket das Büro verlässt" (Hildebrandt 2018, S. 23), stellt sich die Frage, ob man das Kundenvertrauen bei einem größeren Kundenkreis in Frage stellen möchte, wenn sie keine dieser angebotenen Leistungen (Sitzplatzreservierung, Anreiseschutz, Fluginsolvenzversicherung etc.) benötigen. Zudem vergrößert sich durch den aufgebauten Verkaufsdruck die Gefahr der kognitiven Dissonanz. Außerdem muss nach dem neuen Pauschalreiserecht für den Kunden klar erkennbar sein, dass das Q-Plus-Angebot hier nicht Teil des regulären Reisepaketes ist, sondern eine Zusatzleistung jener Reisebüro-Kooperation, der man als Reisemittler selbst angehört oder davon profitiert. Die Deutlichkeit der Klarstellung gegenüber Kunden erscheint geboten, denn Verschleierung und Intransparenz werden als Vertrauensmissbrauch gewertet und können zum Bruch bisheriger Beziehungen führen.

10 Kundenbewertungen

Vielfach erfolgt eine Gleichsetzung von Beratungs- und Informationszufriedenheit. Eine Differenzierung ist hier sinnvoll, weil nicht nur eine inhaltliche Verschiedenheit besteht, sondern auch deren Folgen unterschiedlich sind. Während sich die Informationszufriedenheit primär auf die Bereitstellung gewünschter Informationen und damit auf die Befriedigung rationaler Bedürfnisse (hinreichende Menge und Qualität der Informationen) bezieht, unterliegt die Beratungszufriedenheit einer komplexeren wie auch stärkeren affektiven Ausrichtung. Eine Beratungszufriedenheit tritt ein, wenn nicht nur alle notwendigen Informationen vorliegen, sondern ein Gefühl entsteht, dass zwischen dem unterbreiteten Reiseangebot und den individuellen Ansprüchen (Präferenzen, Wünschen etc.) eine weitgehende Übereinstimmung besteht. Ausgangspunkt hierfür ist eine hinreichende Empathie des Reisemittlers, um den Kunden zu verstehen und sich in diesen hineinzuversetzen.

Eine bereits gebildete Beratungszufriedenheit kann sich nachträglich ändern, wenn die spätere Reise unbefriedigend verläuft und in diesem Zusammenhang ein konfaktorisches Denken einsetzt. Hierbei wird die in der Vergangenheit durchgeführte Reiseberatung in den Vorstellungen des Kunden abgerufen und sich dabei vorgestellt, wie der Urlaub verlaufen wäre, wenn eine andere Reiseberatung stattgefunden hätte. Das konfaktorische Denken erfüllt den Zweck, aus Fehlern zu lernen. Kunden werden mit großer Wahrscheinlichkeit zukünftig den Reisemittler meiden, obwohl dieser die aufgetretenen Reisemängel nicht zu verantworten hat.

Kundenbewertungen werden stark von Gefühlen, subjektiven Maßstäben und den Interpretationskontext beeinflusst. Tendenziell werden negative Bewertungen stärker gewichtet als positive. Wegen der möglichen Konfrontationsangst wird Kritik bevorzugt über anonyme Beschwerdewege geäußert. Um die negative Intonation des Begriffes „Beschwerde" abzumildern, wird bereits vielfach der Begriff „Kundenrückmeldung" verwendet.

© Springer Fachmedien Wiesbaden GmbH, ein Teil von Springer Nature 2019

H.-P. Herrmann, *Psychologisches Tourismusmarketing,* essentials,
https://doi.org/10.1007/978-3-658-23680-9_10

Urlaubserlebnisse werden im episodischen Gedächtnis gespeichert und sind daher wesentlich präsenter als andere Ereignisse. Dennoch ist die Qualität der Bewertungen zeit- und ortsabhängig. Ortsentscheidend ist, ob die Bewertung am Urlaubsort oder erst zu Hause erfolgte. Eine angenehme Urlaubsumgebung erzeugt positives Denken und bewirkt entsprechende Rückkoppelungseffekte auf das persönliche Handeln. Ein zeitlicher Abstand zur Reise bewirkt hingegen, dass es mit fortschreitender Zeit immer schwerer wird, sich an Details zu erinnern. Daher sind Bewertungsportale und/oder empirische Erhebungen wenig aussagekräftig, wenn nicht Angaben zum Erhebungsort, der Erhebungssituation und dem zeitlichen Abstand zur durchgeführten Reise ersichtlich sind.

Mit jeder Erinnerung, d. h. mit jeder Reproduktion erfolgen kleine kognitive Umstrukturierungen und damit Veränderung des ursprünglich „wahrhaften" Erlebens. Das Erinnern ist zudem von einer Vielzahl personenbezogener Faktoren abhängig, wie beispielsweise vom Alter, bisherigen Reiseerfahrungen, Bildungsgrad, usw. Auch Interferenzen mit bereits abgespeicherten Reiseinformationen können Urlaubserinnerungen verfälschen.

Bewertungen können durch weitere Faktoren beeinflusst sein. So werden beispielsweise über den Reisepreis bereits Erwartungen an das Produkt aufgebaut. Höhere Preise verleiten tendenziell zu einer besseren Produktbewertung. Einfluss auf die Bewertung von Einzelsachverhalten hat zudem deren Darbietungsfolge. Bei zwei gleichwertigen Erlebnissen, die nacheinander dargeboten werden, wird nach der Jostschen Regel das Ersterlebnis stärker eingeprägt. Der zuerst dargebotene Sachverhalt wird dann bei wiederholenden Abfragen stärker gefestigt und höher gewichtet und hat somit Einfluss auf spätere Reiseentscheidungen wie auch auf Bewertungen.

Wahrnehmbare touristische Trends beeinflussen nicht nur Reisewahlentscheidungen, sondern können ggf. auch Bewertungen beeinflussen. Besonders unsichere und unentschlossene Personen neigen stark dazu, sich Bewertungstrends anzuschließen.

Ferner ist nicht ganz auszuschließen, dass auch der zeitliche Abstand zwischen Reisebuchung und Reisebeginn Einfluss auf die spätere Urlaubsbewertung haben kann. Bei längerfristigen Vorausbuchungen entwickelt sich vielfach Urlaubsvorfreude. Die dadurch länger anhaltende positive affektive Stimmung kann in der Nachbetrachtung zu einer stärkeren positiven Bewertungsgewichtung führen.

Die großen Reiseveranstalter nutzen neben der Gästeeinschätzung eine Reihe weiterer Indikatoren, die Aufschluss über die Gästezufriedenheit geben. Zur Abbildung objektiver Bewertungsgrundlagen wird beispielsweise der Net Promoter Score (Weiterempfehlungsrate) oder die Wiederholerrate bisheriger Gäste gemessen.

11 Ausblick

Bisher war das Tourismusmarketing stark betriebswirtschaftlich orientiert. Erst in jüngerer Vergangenheit wird der psychologischen Seite mehr Beachtung geschenkt. „Erfolgreiches Marketing beginnt dort, wo wir aufhören zu denken – in den Tiefen des Unterbewusstseins und der Gefühlswelten" (Gallinat, zitiert nach Sander 2017, S. 26).

Zu den Aufgaben der Tourismuspsychologie gehört es, sich auch mit der psychologischen Wirkung von Marketinginstrumenten zu beschäftigen. Dieses betrifft etwa psychologische Verhaltensweisen der Reiseinteressenten zu Reisepreisen, Wirkungsweisen touristischen Marken, Gestaltungsaspekte von Werbemitteln, oder psychologische Aspekte des persönlichen Verkaufs. Derzeit gibt es ein zunehmendes Interesse an wissenschaftlichen psychologischen Erkenntnissen bei gleichzeitiger Verschlechterung der Lehr und Forschungsvoraussetzungen. So wurde trotz großen Zuspruchs der Lehrgang Tourismuspsychologie mit Ablauf des Wintersemesters 2016/2017 an der Hochschule Harz geschlossen. Mit der jetzigen Abwicklung des Tourismusstudiums an der Leuphana Universität Lüneburg werden nach meiner Kenntnis dann keine Vorlesungen oder Seminare mehr zur Tourismuspsychologie an Hochschulen in Deutschland angeboten. Das Studienführerportal tourismusstudieren.de, wo die touristischen Studienangebote der Hochschulen gelistet sind, erkennt zwar den Begriff Tourismuspsychologie, kann jedoch kein konkretes Studienangebot listen. Der Wissenstransfer auf zukünftige Tourismusmanager ist damit nicht mehr gegeben.

Die Rahmenbedingungen, in denen touristische Produkte dargeboten werden, wird von zwei grundlegenden Gegebenheiten determiniert, den Rezipienten und dem Umfeldkontext. Zwar bestehen zwischen den Rezipienten interindividuelle Unterschiede, doch in den wesentlichen Grundkonstellationen, wie Informationsaufnahmefähigkeit, Denkstrukturen, Reflexionsfähigkeit usw.

© Springer Fachmedien Wiesbaden GmbH, ein Teil von Springer Nature 2019

H.-P. Herrmann, *Psychologisches Tourismusmarketing,* essentials,
https://doi.org/10.1007/978-3-658-23680-9_11

sind diese weitgehend deckungsgleich und lassen sich nicht grundlegend verändern. Was veränderbar ist, sind Produkte und deren Umfeldkontext. Die Aufgabe des psychologischen Marketings besteht darin, diese den Wahrnehmung- und Verarbeitungsgegebenheiten der Kunden anzupassen, so dass eine optimale Werbewirkung erfolgt.

Deutlich mehr als zwei Drittel der Bevölkerung ab 14 Jahre unternehmen jährlich eine mindestens fünftägige Urlaubsreise. Durch die unmittelbare Involviertheit besitzt das Thema Urlaub und Reisen für die Bevölkerungsmehrheit sowohl eine hohe persönliche Wertigkeit, wie auch die Teilnahme am touristischen Diskurs. Fast jeder verfügt über persönliche Reiseerfahrungen und kann mitreden. Die Wirkung des touristischen Diskurses und deren psychologische Rückkoppelungseffekte werden für das Tourismusmarketing kaum genutzt sind erst ansatzweise erforscht.

Sowohl soziodemografische Veränderungen (Altersstruktur, steigende Zahl an Stadtbewohner, Paare mit weniger Kindern, mehr Singlehaushalte, usw.) wie auch Veränderungen gesellschaftlicher Normen und Werte (Umweltschutz, Wertigkeit von Freizeit, Besitzstandsdenken, usw.) werden zu weitergehenden Reiseverhaltensänderungen führen. Derzeitige Reisebedürfnisse werden sich fortentwickeln und weiter ausdifferenzieren, was im praktischen Marketing zu immer kleinere Gruppensegmentierungen zwingt. Die zielgerichtete Ansprache von Kundengruppen wird dadurch nicht nur schwieriger, sondern aufwendiger und damit kostenintensiver.

Vieles deutet darauf hin, dass sich in den Industriestaaten eine multioptionale Freizeitgesellschaft entwickelt. Wesentliche Bedingungen hierzu, wie vielfältige Freizeitangebote, ein größeres Freizeitbudget oder die zunehmende Lebensspanne, wo Menschen nach ihrem Berufsleben sinnhaften Freizeitbetätigungen nachgehen, sind bereits gegeben. Die sich derzeit entwickelten digitalen Arbeitswelt 4.0 wird diesen Trend verstärken. Auch wenn die Bundesbürger nicht auf Reisen verzichten wollen, steht die klassische Tourismuswirtschaft in zunehmender Konkurrenz zu anderen Freizeitanbietern. Zudem drängen immer mehr nichttouristische Unternehmen mit attraktiven Angeboten auf den Tourismusmarkt. Bei Google und Co wird erkennbar, dass deren Informationsportale immer weiter in Richtung multioptionale Freizeitangebote ausgebaut werden. Weil die finanziellen Mittel der Bürger für Freizeitaktivitäten auch in Zukunft begrenzt sein werden, wird der Konkurrenzkampf um potenzielle Kunden noch zunehmen.

Die Tourismusorganisationen vor Ort waren bisher die primären Ansprechpartner für interessierte Gäste, wenn es um Fragen der Beratung, Unterkunftsvermittlung, Stadtführungen, kulturellen Veranstaltungen oder pauschalisierte

Reiseangebote geht. Durch zahlreiche Hotel- und Ferienwohnungsportale wie Booking.com, HRS, Expedia, Trivago, Fewo-Direkt oder Airbnb wird deren Aufgabenerfüllung (Marketing und direkte Gästeaquise) zunehmend erschwert. Selbst die Touristischen Marketingorganisationen der Länder stoßen hier zunehmend an ihre Grenzen. Die damalige Neuausrichtung, das touristische Inlandsmarketing an die Deutschen Zentrale für Tourismus (DZT) zu übertragen, wurde schnell wieder rückabgewickelt. Aus heutiger Sicht eine strategische Fehlentscheidung, denn eine modifizierte Übertragung der erfolgreichen DZT-Auslandsmarketingstrategien bei gleichzeitiger Vernetzung lokaler Destinationsangebote zu multioptionalen Angeboten hätte heute wahrscheinlich eine vielfach höhere Marketingwirkung, als es die vielen einzelnen Destinationsmaßnahmen zusammen bewirken können.

Das Touristische Marketing wird sich der Notwendigkeit eines „intermodalen Denkens" nicht verschließen können, um den immer stärkeren Wunsch der Kunden nach übergreifenden Erlebnisinhalten gerecht zu werden. Ein Zusammenfügen von Einzelleistungen zu einem strukturierten Pauschalangebot reicht bereits vielfach nicht mehr aus, um Kundenerwartungen zu befriedigen. Das Gesamtreisepaket muss mehr sein, als die Summe seiner Einzelteile. Dieses bereits vor rund einhundert Jahren von Christian Ehrenfels entdeckte Grundprinzip der Übersummativität verkörpert heute das neue Reise- und Gästeerlebnis.

Das derzeit diskutierte Problem des Overtourismus steht erst am Anfang seiner Wirkungsentfaltung. Die weltweit steigende Zahl an Touristen, eine fehlende Umsteuerung gegenwärtiger Tourismusströme sowie das Festhalten an lukrativen Geschäfts- und Kongressstandorte im Geschäftsreiseverkehr führen dazu, dass zukünftig noch mehr Destinationen vom Overtourismus betroffen sein werden. Die Hauptaufgabe des touristischen Marketings wird sich im Zuge des Overtourismus wandeln. In stark nachgefragte Tourismusdestinationen, wie etwa Barcelona, Venedig oder Mallorca verändert sich bereits das bisherige Marketingverständnis und führt zu einem Umdenken. Es geht nicht mehr darum, Aufmerksamkeit zu erzeugen, sondern Touristen zu überzeugen, andere Ziele zu bereisen. Dieses erfordert die Aufwertung von bisher weniger attraktiven Destinationen sowie eine stärke Bewusstseinsinvestition, um bei weiteren notwendigen Zugangsbeschränkungen aufkommende Gefühle eines Zwei-Klassen-Tourismus zu verhindern. Bei der Umsetzung dieser Aufgabe erscheint die Anwendung psychologischer Erkenntnisse nicht nur hilfreich, sondern notwendig.

Was Sie aus diesem *essential* mitnehmen können

- Denkanstöße, sich im touristischen Marketing verstärkt mit psychologischen Effekte auseinanderzusetzen.
- Handlungsoptionen, psychologisches Wissen für das touristische Marketing zu nutzen.
- Erkenntnisse der Wechselwirkung von Psychologie und touristischem Marketing sowie Hinweise zur Fortentwicklung touristischer Angebote.
- Überlegungen, strategische Marketingentscheidungen nicht nur aus der betriebswirtschaftlicher Sicht zu treffen.

© Springer Fachmedien Wiesbaden GmbH, ein Teil von Springer Nature 2019
H.-P. Herrmann, *Psychologisches Tourismusmarketing,* essentials,
https://doi.org/10.1007/978-3-658-23680-9

Literatur

Aaker, Jennifer L. 2001. Dimensionen der Markenpersönlichkeit. In *Moderne Markenführung*, Hrsg. Franz-Rudolf Esch, 94 f. Wiesbaden: Gabler.

Demmelbauer, Eva., und Elke Zellinger. 2017. *Design und Kommunikation*, 208, 209. Wien: Verlag Hölder-Pichler-Tempsky GmbH.

Ehrenfels, Christian von. 1982. *Philosophische Schriften*. München: Philosophia.

Eversmeier, Jochen. 2017. Wenn das Lebensalter mitentscheidet. *fvw* 6 (2017): 47.

Felser, Georg. 2014. *Konsumentenpsychologie*, 19, 98, 113. Stuttgart: Kohlhammer.

Fiedler, Yvonne. 2016. Lieblingsstück. *Travel One* 5 (2016): 15.

Franke, Tanja. 2017. Der kleine Unterschied. *Travel One* 4 (2017): 13 ff.

Freyer, Walter. 2007. *Tourismus-Marketing*, 417. München: Oldenbourg.

fvw-Redaktion. 2018. URV erneuert Tarifsystem. *fvw* 6 (2018): 13.

Gallinat, Jürgen zitiert nach Sander, Evelyn. 2017. Vom guten Gefühl. *vvw* 16 (2017): 26.

Herrmann, Hans-Peter. 2016. *Lehrbuch Tourismuspsychologie*, 45 ff., 56 f. Berlin: Springer.

Herrmann, Hans-Peter, und Pauline Wetzel. 2018. *Fernweh und Reiselust*, 22 f. Berlin: Springer.

Hildebrandt, Klaus. 2018. Interview mit Thomas Bösel. *fvw* 11 (2018): 23.

Hirtenlehner, Helmut, et al. 2002. Operationalisierung von Urlaubsmotiven. *Tourismus-Journal* 1 (2002): 93–115.

Kaspar, Claude. 1991. *Die Tourismuslehre im Grundriss*, 42 f. Bern: Haupt.

Kotler, Philip, et al. 2007. *Grundlagen des Marketings*, 121, 326 f. München: Pearsson Studium.

Krober-Riel, Weinberg. 1996. *Konsumentenverhalten*, 137. München: Vahlen.

Lanz, Ira. 2018. Nach der Pflicht kommt die Kür. *fvw* 10 (2018): 16 f.

Maderthaner, Rainer. 2017. *Psychologie*, 309. Wien: Facultas Verlags- und Buchhandlungs AG.

Müller, Kai-Markus. 2012. *NeuroPricing*, 103. Freiburg: Haufe.

Mundt, Jörn W. 2013. *Tourismus*, 84, 107–140. München: Oldenbourg.

Pilar, Christiane. 2018. Personalisierte Radio-Spots. *fvw* 3 (2018): 50.

Pilar, Christiane. 2017. Marken mit Power. *fvw* 4 (2017): 49 f.

Pilar, Christiane. 2018. Traditionsmarken legen zu. *fvw* 5 (2018): 70 f.

Rogge, J.H. 1979. *Grundlagen der Werbung*, 63. Berlin: Schmidt.

© Springer Fachmedien Wiesbaden GmbH, ein Teil von Springer Nature 2019

H.-P. Herrmann, *Psychologisches Tourismusmarketing*, essentials,
https://doi.org/10.1007/978-3-658-23680-9

Werth, Lioba, und Jennifer Mayer. 2008. *Sozialpsychologie*, 69 f. Berlin: Springer.
Wittgenstein, Ludwig. 1990. *Tractatus logico-philosophicus Philosophise Untersuchungen*. Leipzig: Reclam.
Wolf, Julia. 2018. Das Ende der Kontrolleure. Interview mit Sven Gàbor Jànszky. *Audimax* 7, 8 (2018): 10. Nürnberg: Audimax Medien GmbH.